ELGA REÁTEGUI

LA RUTA DE LAS MARIPOSAS

la Rueca
editorial

© Elga Reátegui - *La ruta de las mariposas*

© Editorial La Rueca

www.editoriallarueca.com

Primera edición: marzo 2024

Corrección: Ginés J. Vera

acentoliterario@gmail.com

Portada: Marolín Orihuela Calderón
marolinart@gmail.com

ISBN: 978-84-19865-60-1

Depósito Legal: M-7622-2024

Diríjase a CEDRO (Centro Español de Derechos Reprográficos) si necesita fotocopiar o escanear algún fragmento de esta obra. Puede contactar con CEDRO a través de la web: cedro.org.

Impreso en Madrid - España - UNIÓN EUROPEA

PRÓLOGO

El camino

El prólogo de un libro de poemas debería ser, ante todo, la antesala de un universo personal, la preparación a la visita de una manera de entender el mundo a través de la emoción. En esta ocasión es responsabilidad mía, gozosamente aceptada, sacarlo adelante.

Elga Reátegui es autora veterana en las lides literarias. Con un amplio currículo que incursiona en el relato, la novela, el cuento infantil y, por descontado, la poesía, nos viene a ofrecer con *La ruta de las mariposas* una visión inequívocamente religiosa de la existencia. Claro está que a su manera: si cada persona siente la trascendencia de un modo particular, esto es más cierto en el caso de los poetas, singulares en grado máximo por vocación y por oficio. Los poetas somos nuestra propia deixis…

Su personal heterodoxia descansa sobre todo en la introversión. Sus versos siempre nos hablan desde un interior recóndito hacia un mundo externo que nunca deja de sorprender, para bien y para mal, a la propia autora. Su mirada es ávida como la del niño, ansiosa de comprender y ser comprendida. Su conocimiento de la realidad no pretende ser racional sino intuitivo, iluminador desde la propia tiniebla. En un ejercicio de autoanálisis se contempla a sí misma para alcanzar la comprensión de lo sagrado en un diálogo con la propia conciencia, avanzando —o retrocediendo a veces— según las distintas percepciones externas le dan a entender. Nada más impresionable que un alma abierta, receptiva y observadora. Y a partir del dato deviene la reflexión y el verso, duro y seco a veces, aliviado y optimista otras.

El texto queda repartido en tres grandes bloques. El primero de ellos, con el marbete de "Marchas y despedidas", se compone de seis poemas que comparten, estilísticamente, la agilidad que proporciona el verso corto y yuxtapuesto, abriéndose a distintas interpretaciones. Preguntas o sentencias cerradas cuya interpretación queda a cargo del lector y sus particulares premisas. En "Y te fuiste", el poema se construye sobre un duelo inconcluso, de puertas adentro, en el que el sujeto poético choca con la marca de olvido que desde fuera parece quererse imponer al intransferible proceso personal. "En otra parte" prosigue con los duelos internos, que dejan a cada paso un rastro de ceniza; incapaz de aceptar ayuda, le acompaña un sentimiento de inadaptación, refugiada en la actividad y la rutina. "Memoria pequeña" es un bello poema de visión retroactiva: ojos de niña revisan desde un presente maduro las ausencias ("te fuiste con lo puesto") y los recuerdos, de imposible fijación, sujetos a la frase recurrente ("que viniste con lo puesto"). "Frente a frente" exhibe al modo de un combate el hecho del enamoramiento seguido de decepción, mientras "Decisión" incide en el mismo tema: somos trenes que se cruzan, barcos que se avistan… Soñamos ¿despiertos? con el encuentro, pero este puede no significar nada. "Esas voces" cierra el bloque. Poema de perfecta esticomitia (cada verso es una frase acabada), en él subsiste un lamento solitario unido al miedo a que las propias fuerzas sean insuficientes para superar la situación de pérdida.

Las despedidas definitivas, con su dolor y quizá su sin-sentido, nos fuerzan a retomar el necesario camino vital. Es el punto de partida de la plegaria, que toma voz poética en la segunda parte del poemario: "De regreso al ser"

Toda esta segunda parte la ocupa un poema extenso, de largo aliento. Tomemos aire, pues la inmersión es tensa y prolongada. En él se nos narra minuciosamente un itinerario íntimo, una búsqueda detallada, una crónica vívida y desaso-segante de un alma en seguimiento de su sentido último y de la certeza final. Certeza que, aunque iluminadora, nunca es definitiva. Como en todo camino, hallaremos duda e inquie-tud, esfuerzo y cansancio, pesimismo y esperanza... Pero en esta ocasión —es decisión de la autora— desemboca en luz y encuentro.

El poema transita por el recuerdo infantil más lejano y la realidad presente, por lo subconsciente y lo racional. Se centra en una crisis existencial y toma forma de confesión desde don-de alcanza alto vuelo lírico. Aunque por su propia naturaleza tenga momentos de cierto hermetismo, el lector no tendrá di-ficultad en reconocerse en este o aquel aspecto vital que de seguro ha de estremecerle por la lucidez y precisión con que queda descrito.

Consta de dieciséis partes, casi escenas, donde un alma, sujeto poético, se contempla a sí misma y al cuerpo que ocu-pa, y conversa de tú a tú con Dios y consigo misma (siempre Dios en mayúscula, no dejemos de prestar atención al detalle; ni a otras mayúsculas que aparecen en el texto). Cada una de esas escenas es un poema con entidad propia, aunque actúe en congruencia plena con el conjunto.

La autora ha querido, en aras de la unidad del poemario, que ocupe el centro del mismo rebautizándolo como "De regreso al ser", pero conservando su título original El rezo de un alma extraviada. Glorioso extravío, a juicio de quien suscribe.

Y bajo el nombre de "Cruce de caminos" encontramos la última parte del libro, formado por cinco poemas que concluyen un itinerario hacia la luz. Establecen un puente entre dos continentes y/o dos formas de entender el mundo; el propio de la autora y el de adopción. Una integración no siempre sencilla pero necesaria. En el tono autobiográfico que tiñe todo el texto nos descubre lo que adivinamos como una peregrinación, real y espiritual. Ya sin miedos, conversa, a la manera machadiana, "con Quien va siempre conmigo" (ahora la mayúscula es mía). Salvo en el último poema, regresa a la frase corta, incisiva, que parece empujar hacia el corolario final. Sin embargo, el color general es diferente porque ahora los poemas nos llevan por veredas optimistas, por rutas de sanación. La comunión se ha completado, de donde los títulos: "Unidad", "En presencia", "En unión", "El milagrero".

Mención aparte merece el poema de cierre, "Los chucos y Santiago" (Santiago de Chuco fue la patria chica del gran César Vallejo), donde las raíces de la autora quedan orgullosamente patentes tanto en léxico: chuco (sombrero), pututo (instrumento musical quechua, hecho con una caracola marina), guagua (bebé), *q'aqcha* (trueno, en lengua quechua; Santiago era apodado, por su carácter vehemente, "el hijo del trueno") como en tradiciones religiosas incaicas: *Inti* (el dios del sol), *Apu* (señor de la montaña), *Wiracocha* (el dios creador, llamado dios de los báculos), *Taita Shanti*, identificable con el Apóstol. En él se integran culturas paganas precolombinas (los ancestros de la lengua culle, casi extinta, hablada en la sierra andina del norte de Perú)) con la leyenda del Liber Sancti Iacobi. Un broche final en el que

"…las caracolas/y las vieiras/ en diálogo cósmico…"

culminan en celebración y fiesta, en remanso y hermandad. El camino espiritual ha tocado a su fin. Todo es encuentro. Tras la lectura, la sensación de que ya hemos llegado a casa.

Félix Molina Colomer

Poeta

Marchas y despedidas

Y te fuiste

Para mi hermano Pepe

El polvo cubre la ventana.
Despejo soplando.
Cierro los ojos.
La Navidad es recuerdo.
Tanto como el verano
que fugó contigo.
Me dicen que el tiempo
   no se detuvo por mí.
Que mi soberbia es incomprensible.

Permito que comenten.
Son libres de hacerlo.
Y lo que pienso sobre ellos
   me lo reservo
   con un deliberado mutismo.

Les afecta mi espera apacible.
La resistencia al olvido.
El desperdicio de juventud.

Tampoco aspiro a su voluntaria
comprensión.
La gente opina y se ensaña adrede.
Amonestan cual dioses griegos
con una autoridad profana,
que no admite humanidad.

La impaciencia sacude sus almas
bajo ese manto de empatía fingida.

Les soy incómoda, mucho, muchísimo.
Aspiran a que la normalidad se restablezca.
Que cada cosa retorne a su legítimo lugar.
Al igual que los sentimientos.
Sin importar de quién se trate.

Entiendo sus razones,
su necesidad de agotar las lágrimas,
la urgencia de culminar con el duelo,
cambiar roles protagónicos de mi historia.

Los rostros de perenne tristeza
        se tornan subversivos
  en una sociedad que publicita
   la alegría de dientes blancos,
        la existencia bulliciosa de la calle,
          con sus especímenes de coreografía exagerada y falsa
          y su tendencia a acallar sus voces internas.

El vacío es tanto como mi incapacidad para aceptar que hay
quienes se van
sin permiso
y no pueden
retornar por voluntad.

En otra parte

Voy dejando rastro en mi deambular.
La ceniza acumulada bajo mi calzado,
me delata.
Como la palabra rota
de mi lenguaje foráneo.
Como el pestañeo nervioso
de mi mirada hueca.

Me hablan, pero no freno mi andar.
La mente me obliga a cumplir la tarea:
hallar algo conocido o parecido
a lo de ayer.

Alguien me ofrece su mano,
pero yo continúo sola
con mi paso tambaleante.
No me fío de la sonrisa apretada.
Ni del rostro compungido.
Menos de la manta que cuelga
sobre mis hombros.

La llamarada de mi verdad
es sólo ceniza bajo mis zapatos.

Memoria pequeña

Te fuiste con lo puesto.
Con los ojos dormidos.
Sin despedidas llorosas.
Ni tiempo para protestar.

A la orden de tu madre,
tú y tus hermanos
dejaron el hogar
con prisas.

Hoy,
contando
el tiempo
con tus dedos,
notas que necesitas
otras manos
para seguir
con la suma.

Hoy, midiendo
la distancia a tu manera,
te asusta no poder
transitar todo ese recorrido
de retorno.

La llamarada de tus recuerdos
se extingue en tu cabecita de
cinco años.
Tan solo repites lo que te dicen:
que viniste con lo puesto.

Frente a frente

En la lucha de contrarios
nos reconoceremos.
Solos tú y yo
exentos de poses y caretas.
Plenos en conciencia y acción.

Sin más armas
que nuestros propósitos
lucharemos
hasta agotar nuestra energía.

Sin más armas
que nuestra real hechura
exhibiremos
el origen de la llamarada.

El espectáculo de la verdad
ante tus ojos.
Sin lugar a sospechas o dudas.
El intruso al descubierto.

Decisión

Cruce de caminos.
No me cuestiono el encuentro.

Prefiero estar contigo aquí, esta noche.

No me mires así.
Cambia esa cara.
Tú no buscabas nada.
Y yo tampoco.

Ocurrió y ya.
Eso tienen las noches de luna.
Tu lógica es innecesaria.
Yo creo en la magia.

Si lo prefieres, vete ahora.
Acaba con el sueño.
Pero no estás dormida.
¿Lo terminas de entender?

*Este poema inspiró el tema *Caminos* de la cantautora y músico Jessyca Sarango.

Esas voces

Pies a tierra con las raíces adheridas al fango.
El espanto abriendo sus ojos ante el látigo.
Las horas borrándose al pie de la tumba.

Las voces te hablan y tú no escuchas.

Es que insiste en saltarse las advertencias.
La confianza intacta en su pecho.
Con la miopía del optimismo severo.

Las voces te siguen hablando y tú sin escuchar.

Se ha sentado a esperar el segundo después de la hora.
El silencio penetra hondo sin permiso.
La noche se devora su luz interior.

Las voces ya hablaron y tú quisieras haber escuchado.

De regreso al ser

El rezo de un alma extraviada

1.

Rasguño la vida, mi existencia,
la desolación del vacío en cada gota de sudor,
                          de sangre gelatinosa
                                y baba calcificada.
Mis pies, fatigados de danzar al son de la pérdida,
apuestan a quimeras
          que me dejan de seguido exhausto y enloquecido,
Yo, otrora creyente de plegarias eufóricas
                    exentas de solicitudes de milagros.
La Gracia estaba instalada en mi esqueleto
en el humor vítreo de mis ojos,
y te exhibía,
              a Ti,
                impreso, radiante,
                      a luz multicolor.

¿Dónde fue a parar todo eso?

El mundo que empezaba a construir:
escarceos de combate hostiles,
batallas a grito esporádico,
luego, la guerra declarada.
Sin poder luchar a mi favor,
me entrego a Tu voluntad.

Ahora me encadeno yo mismo
al error,

con mis creencias
  en dioses menores:
el ego
la osamenta
  el dinero.
Habitantes del mundo finito,
ceguera,
piel,
  vacío.
Esclavo voluntario
   de mentiras.
Autor de ficciones.

Predicador falaz,
hoy serás sentenciado,
 y sacrificado,
    por ti mismo
en presencia gustosa
   de tus miedos.

2.

Ayúdame a agradecer
       por sólo respirar
              y no hacer nada
para que el mecanismo
          siga,
muy a pesar de mi control.
Da permiso
       a mi fe
para mantenerme ilusionado
          muy dentro,
aunque no sea consciente,
             aunque dude
de ese poderoso ser espiritual
      que mora en mí.
Pero, por favor, que esa creencia
       no se asemeje a la de una llama
de palitos de fósforo
(fluctuante,
     insegura
ante el ímpetu de los tornados
        de las dudas existenciales
o de las adversidades mundanas),
sino que imite la potencia
        del fuego de una antorcha
ardiendo:
      pleno,
        optimista
          fulgurante
de cara al espejismo
        de mis emociones.

Ayúdame a agradecer
          con la certeza del milagro,
del hecho
    realizado,
              cumplido.
Una promesa tuya
            que me anime y
de confianza para revertir
 lo imposible.

3.

El rezo de un alma extraviada
          no condiciona en negativo
a su creador.
Le escucha empático.
Repite sus oraciones.

Anhela el efecto contrario:
          que se escuche a sí mismo,
que despierte del sueño
          con vida renovada
 y visión de eternidad
          impresa en su halo,
que se reconozca
          en su verdad tangible,
mago de su cosmos,
          resonancia de sonidos
                    en busca de vibraciones gemelas.

4.

El arte de tapar los ojos es
            contemplación del ombligo,
dices que para
no alimentar el dolor
(el tuyo, por supuesto).
Para proteger tu aura
de la toxicidad sufriente
del entorno.

Te lamentas en público.
Quejas y arengas
que ya ni el papel
ni las redes sociales
aguantan.

Hipócrita bondad,
estrategias para no
 meter la mano
            en el fuego.

Porque no se trata de ti.
La distancia entre ellos y tú
es de sumas que te rebasan.
El cerebro no te alcanza
para visualizar
Kilómetros de separación.
A la mitad de la calle,
ellos te ven pasar.
Niegas todo contacto,
Pones las preocupaciones como excusa.

Él, ella, objetos físicos,
sin importancia.
La casualidad de coincidir.
Impone que compartamos,
(sólo un ratito,
de modo casual).
En tu ceguera
a conveniencia
son invisibles,
luces molestas
que apagas
con un interruptor.
Son existencias
que nada tienen
que ver contigo.
La vida de los otros,
no te incumbe.

5.

A solas pretendo entrar en mí,
con la respiración entrecortada,
con la paz esquiva.
No sé calmar
el bullicio de mi mente.
(Fracaso de recursos
y herramientas
de la Nueva Era).

La gente que habla alrededor
—vomita palabras y conceptos
en cascada tóxica,
me distrae.
Dice estar conmigo,
pero miente.
Va a su aire.
Ajena a mi mundo.
No presta interés.

Veo un rostro a medio esculpir,
el dibujo obsceno de sus labios.

Una silueta femenina
se aproxima insinuante.
Distorsión maliciosa
de mis sentidos,
reposa su mano
sobre las mías.
Aparenta ser amable.
Su mirada vacía
altera mi alma.

Estoy inmerso
en un remolino de diálogos
que agujerean la lucidez
de mi hígado
 y las neuritas ya no
parlamentan acerca
de mis emociones.

Refundido en mi caos de recuerdos
preservo el talante,
la guardia precavida
para repeler
el ataque del depredador.

6.

Su luz alumbraba a todos,
menos a mí.
Lo que mi alma recibía era oscuridad.
Me convertí en un ser opaco,
de suplicio abrumador,
con pronóstico grave.

Se encapotó mi cielo.
Me inmolé a las sombras
—porque le pertenecían—.
Su otra faz,
la negrura a la que
—acaso por ser suya—,
 entregué complacido
mis huesos
como combustible
de su luminosidad.

En un arrebato
de supervivencia,
levanté un dedo para tapar
su agónico rayo de luz,
un orificio en mi pared emocional.

Reposé la cabeza.
Descendieron mis párpados.
Alguien me llevó a dar un paseo
por mis profundidades,
ruta de aromas meditativos.

Un cartel desvió de repente
mi trayectoria lineal.
Arriba el sol se imponía.
Me deshice del vetusto ropaje.
Y en mi plexo,
centro telúrico,
hallé
—sin pretenderlo—
el magma ígneo
de mi esencia.

7.

La necesidad de divulgar los sueños,
de compartir la alegría efervescente.
Ver lo que se materializará a priori
en tu mente creativa.
La predicción ratificada de una vidente.
El pálpito de tu madre en plena labor.
La suerte te avala bajo un sinfín de señales
en las que quieres creer.
Los consejos en lengua ajena,
el tartamudeo de quienes te importan,
las dudas plantándote cara,
leyendo en tus pupilas la inseguridad,
lo que en verdad piensas de ti.
La fragilidad de las convicciones.
El derecho al silencio propio.

¿Adónde escapaste?

8.

Tu espíritu me habita,
lo sé.
Me hablas desde adentro,
a veces con voz —según yo—
ininteligible a la que me niego
a prestar atención por pura pereza.
¡Es tan complicado apagar el ruido mental!
Adictos somos a la impaciencia y al caos.
El esfuerzo se castiga tanto como poseer un credo.

Y te sigo buscando fuera,
        en señales equívocas,
            en cínicos sermones,
                en literatura insana.
Cierro los ojos e intento repetir
                    una de las tantas oraciones
 que me enseñó sor Rosita
            o la profe Olga, de Primaria.
Algunas salen de tirón,
            las recito de paporreta.
De otras, conservo las primeras líneas
            y quizá un poco más,
pero de una que oré a diario
            a lo largo del curso,
                durante cinco años,
            a la hora de la formación,
            apenas me queda el título
que es también su principio:
            «Hazme, Señor, instrumento de tu paz».

Esa paz que me resulta
                      esquiva,
                         ajena,
                            veleidosa,
                                quimérica,
        aspiración digna de espíritus
                 más altruistas que yo,
porque mis necesidades
ocupan mi tiempo.
¿Cómo podría dar o compartir
                         lo que no tengo?

(Lo puedes entender, ¿no?)

9.

La duda no es ausencia de fe,
me amparo en eso.
Yo creo en ti.
(No siempre,
es verdad).
Y me ha costado modificar mi opinión
sobre tu conducta y tus pretensiones.
No las acepto.
Tampoco las comprendo.
Te cuestiono y me enfado.
Tanto que dejo de buscarte.
De pensar en ti.
Lo único cierto
—verdad que es mía, por tanto, exclusiva—
 es que por no ser humano,
esto es,
no haberte apartado del amor
 ni establecido separación
                    entre tu obra y tú, lo único cierto
                         es que no puedes sentir ni actuar
                              con tanta pequeñez y miseria.

No obstante, es cruel juzgar tu supuesto proceder
como si fueras uno de nosotros en el sentido literal.
Pero tú ya sabes de nuestra ceguera,
selectiva memoria
y carencia de responsabilidad.
Le echamos la culpa a los otros.
Y nos sentamos a esperar que el resto arregle
nuestros líos sentimentales
o nuestra desastrosa economía.

Sin embargo, nos place figurar, exhibir el fracaso propio y
ajeno;
atacar y que nos consuelen;
dejar bien claro que somos víctimas
                              y que los demás son los verdugos.

Hechas las distinciones,
                me reconcilio contigo,
                            (por ahora),
en este instante en que te veo con otra óptica,
                        menos racional. Lejana de lógica.
                              O quizá porque
necesito creerte,
                                    y alimentar mi fe.
Bueno, me doy prisa. Aquí voy.

Eso me ha llevado tan solo a descubrir qué no eres.
Ya sé,
lo he comprobado.
No eres un Dios
narcisista
        tiránico,
castigador
        o asesino.
 Tampoco
        bipolar,
sádico,
    o egocéntrico.

Hace una tarde clara y cálida allá en la calle.
Tu sol asoma entre las nubes, o debería decir: «Ese que es una
versión tuya—o tú mismo—se anima a salir». Mi alma sigue

gélida, aunque haya charquitos alrededor mío. Experimento calor en mí, lo confieso. Me llama salir y dar una vuelta. Ver tu obra para no decaer.

10.

«No estás deprimido»,
　　　　　—reitera cansina mi amiga Mar—.
Tan solo un poco distraído,
　　　　　　　　—asegura convencida
　　　　　　　　　　　de su cultura espiritual.

He estado contemplando el océano a la salida del trabajo.
Tantísimos años las olas repitiendo el mismo movimiento,
　　　　　—algo condenatorio, te diría—, Sumo Creador,
　　　　　　　　y no se cansan del dichoso baile ondulante.
A su encuentro van los solitarios y los tristes
en busca de ánimo y consuelo.
Como yo, que me aproximo a él en busca de respuestas…
esas que no me puedes dar.
Tú —porque eres mudo, caprichoso, temporal
　　　　　　　　　　o como yo, un sordo que escucha
lo que quiere— y recurro a tu perfecta invención
con la esperanza
de que me susurre algún remedio
a mis quebraderos de cabeza.
Te comunicas. Lo haces,
　　　　　　　pródigo,
　　　　　　　　　cantarín,
　　　　　　　　　　　devoto,
pero no en mi idioma, el que entiendo.
Me frustro. Mi cerebro abotagado de pensar.
　　　　　　　　　　De repetir la aprendida escena:
　　　　　　　　　　　　　regresar a
mi casa con las expectativas rotas.

Es que no sé cómo actuar distinto.
                    Dice Mar que tengo el corazón atrofiado,
                        que debo componerlo despertando,
                            que lo requiero para poder
escuchar sin entender.
Y tú, Espíritu Puro, me contemplas amoroso desde mis
células,
                                    conectando con
un cielo que me alumbra con los miles de foquitos de esas
estrellas que ya murieron
                    y se han integrado a tu energía que soy
yo mismo:
                        bajo la cabeza renegando
de esta realidad que me supera.

11.

Despertar. Esta mañana me ha costado despegar los ojos.
Busqué el rosario de la abuela, y recé a mi manera. Sin seguir
la técnica, porque sencillamente jamás aprendí a hacerlo, por
más que la Tata me sentaba a su lado cada tarde a las seis en
punto.
En el nombre del Padre, del Hijo y del Espíritu Santo...
Y me quedaba allí, divagando con la dichosa paloma y
sus poderes; sin embargo, conecté, en aquel entonces, con esa
especie de minidios y me sentí más cercano.
El Espíritu de Dios.
El Misterio de Fe.
La Santísima Trinidad.
Luego escuché que no era 'alguien', sino 'algo'.
Me dio igual.
La medalla colgada a mi cuello
me vinculaba a la fuerza del ave sagrada.
Me daba más confianza que no fuera un hombre superior,
similar a un humano cualquiera,
sino una deidad de la naturaleza,
por tanto, menos arrogante,
ni ansiosa de rezos ni de plena devoción.
La desconexión vino luego,
cuando la Tata olvidó el rosario,
las oraciones
y a sí misma.
Sólo miraba el firmamento
de su habitación
como si se hallara
deshabitada en su interior.
Mi desesperación de traerla de nuevo,

a nuestras tardes,
conmigo,
solos los dos.
Espíritu Santo, tú que me aclaras todo,
que iluminas todos los caminos para que yo alcance mi ideal.
No hubo respuesta,
yo que jamás pedía nada,
por consejo de la Tata.
Debí hacerle caso.
De eso se trataba orar:
el secreto era pedir para todos.
De corazón,
sin egoísmo.
La Tata se fue,
y yo con ella.
No descubrí mi ideal.

12.

Médicos revolviendo mi mente.
Máquinas que escanean mi cuerpo.
Sangre en tubitos,
que juntan fluidos en probetas.
Todo yo, expuesto a la mirada de la ciencia.
¡No descubren nada!
Fruncen la boca,
frotan sus calvas.
Un pequeño cuadro del Corazón de Jesús
pende a sus espaldas.
Los galenos han dicho que lo quite:
los hospitales deben ser asépticos en religiosidad,
es el acuerdo para la saludable convivencia.
«Pero ya me jubilo para ir con mis santos a otra parte»,
anuncia un doctor con soplido nasal.
Salgo de la consulta con mayor incertidumbre,
tiemblo por sectores,
los sismos que me son propios,
tomo asiento para no caer.
En mis manos, recetas para nueva medicación.
Tragarme todo sin un diagnóstico claro.
Ignoran qué me aqueja,
pero no lo admiten.
«Ni los pájaros ni los gatos dejan de ser lo que son cuando se
les altera el mundo.
                    Se conocen tanto que buscan la sanación
en su interior.
                    Cuando su energía no fluye buscan dentro.

¿Sabes lo que significa eso»?

Mar me dejó la ensalada en la mesa.
Apartó los medicamentos, y en su lugar,
colocó un libro de oraciones.
«Ahí está el alimento que te hace falta», asegura con una
sonrisa de esperanza.

«A mi imagen fuisteis hechos.
No hay mío que se te haya negado.
No tengo por qué intervenir.
Te asiste el libre albedrío.
Mi voluntad es la tuya.
¿Cuál es tu problema?
¿Por qué te empeñas en complicarlo todo?»,
me dice una voz que se parece a la mía.

13.

Como no sé hacer otra cosa que desmayarme,
         cuando advierto el inminente ataque
 de mis circunstancias,
           hoy amanezco en un lecho que no es el mío,
y ensayo un guion que me ayude a sortear
        las preguntas de rigor del médico
y me permita retornar a mi hueco de penurias
y llorar a solas
y con dignidad,
 mi justificado papel de víctima
            de insigne perdedor.

Una monja se cuela en mi habitación.
Me da los buenos días.
Con señas, me muestra un libro,
intuyo que me dice «para cuando tengas ánimo o tiempo».
Las horas me sobran.
Su caudal ocioso me ahogará.
El alta me ha sido negada.
Demasiado espacio temporal para llenar.
La ideas son aves carroñeras,
van por más…
por los huesos y la médula.

Un susurro conocido y lejano
ingresa por mi oído derecho.
Es la Tata.
Me ordena ocupar mi mente.
Mi campo de visión apunta al libro,
ignorado adrede,

por protección ante esperanzas inviables
o por el temor a avizorar un cambio.
Alternativas mejores de vida.
La amenaza de salir de la zona de confort.
De la dañina —pero conocida— rueda tóxica.

«El Espíritu te espera,
no te apura.
Es paciente,
porque el tiempo no existe,
todo es ahora,
jamás llegas con retraso.
Él te contempla comprensivo.
(Su obra es perfecta).
Hallarás el camino de vuelta.
Falta poco,
no lo dudes.
Yo te contemplo,
desde aquí.
Tu sufrir también me pertenece.
Pero no es mío, no lo provoqué.
Tuyo es.
Sabrás darle solución,
si lo decides,
si resuelves el error.
No hay pecado, no lo hay.
Es la pesadilla quien te gobierna».

14.

Vives un sueño erróneo.
Despierta. Eres el artífice.

«Te lo dije. Es tu ego quien te tiene atrapado.
                    Ese es tu infierno.
No hay imperfección ni dolor en Dios.
                    Si hay amor, tus ideas de oscuridad,
                        se aclaran con su luz»,
                                sonríe
Mar con sus ojos de cielo.

15.

Hay momentos de gloria,
                    de milagro,
donde nos fundimos
                    criaturas, lugares y el Espíritu.
Entregarse es posible, dejarse llevar,
                    no resistirse ni quejarse.
Es ese el punto,
cuando te das por vencido y confías,
                    pero sin derrotismo….
El mundo sigue, la vida permanece, por algo o por aguien
será…

16.

El Espíritu era la Mar, esa Mar que me conducía de retorno
a casa,

y se quedaba conmigo,
escuchándome,

pero sin intervenir.
Lanzando generosas pistas e inspiración

como hilos acústicos de vibración

pausada.
Su visión magnificada, su sabiduría de hechura singular,

para mí.
Su voz para ser percibida entera si yo lo decretaba,

sin saberlo,
en instantes de desvarío absoluto.
La armonía de su mirada quieta y cerúlea

que yo notaba intimidante

en mis delirios

por ser bálsamo sanador
cuando dejaba de cuestionar

Me escuchaba y yo a ella;
porque Mar también estaba en mí,

en la Gracia de Dios.

Cruce de caminos

Unidad

Vine a unir mi alma con la tuya.
A dejar de ser teoría,
de verte solo en libros
y a través de la experiencia ajena.
Me atrevo a convertirme en peregrina,
a calzarme las botas
y empuñar el bastón.
Más allá de la belleza
de los cielos,
el paisaje natural,
se impone la presencia
de ese alguien que cohabita
este cuerpo: mi real yo.
Lo esquivo,
lo ignoro.
Me tiene paciencia.
Habla
sin que le conteste.

Más allá del silencio
de la ruta,
la comunicación
con los otros,
es imposible no escuchar
a ese alguien que comparte
esta alma: mi divinidad.
Lo acerco.
Lo atiendo.
Aparto los miedos.
Hablamos.

Somos uno.
El camino.

*Publicado en la Antología *El Camino de las estrellas* (Lastura, 2021)

En presencia

Un camino para dos
que se inició en el desierto,
al otro lado del océano.
Donde no llueve,
abunda la fe
y hablan distinto.

Entre rodeos y desaliento
me sorprendió el rumor
de la distancia.
La llamada del camino
con su coro saturado
de voces sin tiempo.

Llegó a ti sin retraso.
Con mi esencia intacta,
pese a los conflictos
que delatan mi origen.

Aunque dual en mi signo,
lo que soy desea mostrarse
tal cual es.
Sin prisa mi nombre revelo.

*Publicado en la Antología *El Camino de las estrellas* (Lastura, 2021)

En unión

Ojos para ver en la densa neblina de mi alma.
Llegué hasta aquí por un mensaje de sueños.
Una ruta verde con techo de estrellas
se abre ante mí.
Soy río seco.
La sed marchita de mi vegetación interior.
Soy cielo opaco.
La penumbra asfixia mi fuego mayor.
Hay una promesa en el cruce de caminos.
La alianza entre quienes se reconocen.
Los buscadores,
los inconformes,
los creyentes.
El paso confiado de los peregrinos.
En sus miradas una certeza.
Me distingo entre ellos:
los colores de sus auras,
la conexión de energías.
Me uno a los míos.
Son los que me esperaban.

*Publicado en la Antología *El Camino de las estrellas* (Lastura, 2021)

El milagrero

Hay milagro.
Se renueva la fe.
El manar diáfano
y continuo
de la fuente
lo pregona.
El fluir copioso,
voluntad del índice,
imita tu prédica
con entusiasmo.
Milagrero valenciano.
Comunicador de paz.
Tu mensaje
a distancia-tiempo
persiste,
convence,
sana.

Los chucos y Santiago

Con la mejor sonrisa de *Inti*
Descendí del *Apu* de la Luna
seguro de su aprobación
sus rayos tostando mi cara prieta
no mentían: la hora había llegado
y yo estaba listo.
Debía ir en busca de los orígenes
de mi identidad y fe,
una misión hecha a los dioses de la cordillera
y a mí mismo cuando era tan solo una *guagua,*
promesa que ahora retrocedía y avanzaba
abarcándolo todo.
Mis ancestros, los de la lengua culle, me llenaban
de mil preguntas sobre las idas y venidas del Apóstol,
y su práctica pagana de devoción a los truenos, mientras
yo, de corazón, me imponía otra tarea:
la de descubrir la raíz de la morriña perenne
en los ojos de mi prole.
Con el chuco cubriendo mi testa
y un cayado sosteniendo mi paso
avancé animado por el perfume de los eucaliptos
y el color optimista del trigo.
Me hablaban al unísono de confiar.
«Los protectores de los peregrinos
guían cuando la fe es genuina», repetían a coro.
La noche soltó su manto y, junto a *Quilla,* se pusieron a
esperar.
Brillaba debajo de mi mano el báculo,
obsequio de *Wiracocha.*

Las constelaciones no tardaron en acudir
al llamado del pututo,
las gaitas contestaron
del otro lado.
Las caracolas
y vieiras
en diálogo cósmico.
Cierto es que el *Taita Shanti*
me montó en su corcel blanco,
a mí, al hijo de los chucos,
y me condujo por la ruta de las estrellas
en una travesía cuántica,
y pude conocer la historia de mi familia
como espectador:
la decisión de mis antepasados de cruzar el océano
sus motivos como flores de esperanza,
su respiración entrecortada ante la incertidumbre,
las barcos lanzándose a la mar,
pero también tuve un diálogo íntimo con el Santo,
aprovechó para contarme
sobre él y sus razones,
de su pacto con Jesús el Cristo,
su compromiso de viajar llevando su palabra
de su alma indómita de q'aqcha,
y de la nostalgia del inmigrante,
de su corazón dividido,
y de su presencia en espíritu
cuando su cuerpo físico no está.
«El de Santiago de Chuco se queda
cuando el de Compostela se va»,
aseguraba el Apóstol al momento
en que mis paisanos
lanzaban la primera bengala
dando inicio a la fiesta del 25 de julio.

ÍNDICE

Cruce de caminos